這不是你的錯

小池一夫——著
黃筱涵——譯

悅知文化

放下煩惱。
然後，
找到別的希望。

代替前言

小池一夫老師，於二〇一九年四月與世長辭。

小池老師以漫畫《帶子狼》原作者的身分聞名，近年來，經營推特（@koikekazuo）頗受歡迎，並受到追蹤者與大眾的廣泛愛戴。

二〇一〇年三月，以七十三歲之齡開始使用推特的小池老師，持續向大眾喊話，以文字溫柔地肯定大家，引導著我們邁向各自應前往的道路，並一針見血地指出人生的本質，直至他辭世之前，不改初衷。

本書是依小池老師的推文，打造的名言集第三彈。

二〇一六年出版《不被牽著鼻子走。小池一夫讓內心變輕鬆的300句話》（暫譯），二〇一八年則出版了《如果不行，就逃跑吧！捨棄各種執著，拯救總想成為他人眼中期待的自己》。

然而，正準備著手本書時卻接獲噩耗——

小池老師為世人留下諸多名言後，離開了人世。

前面提到的《不被牽著鼻子走》一書，在開頭提到：

我總認為人生的「好事」，

不在過去，而是在未來。

即使八十歲了，我仍然如此堅信。

我們再也聽不到小池老師的話語了。但是，小池老師想傳遞的訊息、以及深受眾人喜愛的著作，將永存於各位讀者的心中。

若本書能夠照亮各位的未來，成為活在當下的力量，我們將深感榮幸。

本書得以完成，均仰賴小池老師家人的理解與協助，以及各位工作人員與相關人士的盡心盡力，在此謹向各位表示由衷的謝意。

POPLAR社 編輯部

CONTENTS

II 斬斷惡緣，締結良緣

IV

保護心靈，不受惡意傷害

V

放下憤怒 別讓他人掌控你的情緒 169

VI

重視言語 不使用艱澀的詞彙也無妨

epilogue　最愛的人　249

代替後記　258

I

溫柔待人
強勢生活

這不是你的錯，
也不是任何人的錯。

001

不要覺得都是自己的錯

「這不是任何人的錯。」
與人往來時遇到挫折，
不只有歸咎自己或怪罪他人這兩個選項，
有時必須學會放棄追究，
打造「不是誰的錯」這條新道路。
這就是讓人生更簡單的訣竅。
事實上，這種情況在人生中相當常見。

002

溫柔待人，強勢生活

萬物總有結束的時候

現在最愛的人、環境、事物、理念等，
眾多形形色色的事物，
不論是自己離開，或是對方求去，
都必須謹記「終有結束」這個事實。
唯有如此，才能更珍視現在，
並對現在灌注更深的愛。

003

溫柔待人，強勢生活

表現真實的自己，活起來才輕鬆

我認為「不高估也不輕看自己」，
是生存的基本守則，
也是活著最舒服的狀態。
年輕時我也不懂，
但是，這點其實非常重要。

004

請確保「專屬自己的最低所需時間」

時間分成「自己的時間」、「他人的時間」。
當「他人的時間」開始侵占「自己的時間」時，
會形成極大的壓力。
無論是育兒還是工作，
請先確保「專屬自己的最低所需時間」後，
再進行安排，
否則人生會充斥著不滿。
畢竟，人生就等於「時間」。

005

溫柔待人，強勢生活

愈是忙碌
愈要保持自己的步調

「不受他人的步調影響」是很重要的。
按照自己的步調進行，最充實、最井然有序，
也能帶來最棒的結果。
雖說愈忙愈難保有自己的步調，但仍須站穩腳步。
堅持自己的步調！

006

溫柔待人，強勢生活

自己與他人同樣重要

自己的步調固然重要，
但是「我行我素」會造成他人困擾。
坦率很重要，
但是「不顧一切的坦率」會傷害他人。
向他人撒嬌雖然可愛，
但是變成「依賴」就不好了。
生活只要像這樣，同時重視自己與他人就行了。

007

溫柔待人，強勢生活

增加「喜歡」的人事物

對許多人抱持好感，
對許多事物抱持興趣，
人生就不會走至困境。
陷入困境時，視野會變得極其狹隘，
沒有餘力去「喜歡」任何人事物。
所以，要「認真生活，避開困境」。

008

勉強自己也無妨的時候

我下定決心：「只有沉迷時可以勉強自己。」
我曾聽過一個說法，
忘卻時間沉迷於某事，
回過神來已經年累月，仍不會變老。
「原來如此！」
因為沉迷於某事時會光彩煥發，
別說變老了，根本是返老還童。
希望今天也能沉迷於某種事物中。

009

溫柔待人，強勢生活

最大的敵人是「失去幹勁」

我即將邁入八十三歲，

年老之後，最大的敵人就是「失去幹勁」。

失去幹勁可是很恐怖的！

不再在乎生活的喜悅，猶如行屍走肉。

想要避免失去幹勁，

首先要和「興致勃勃的人」多多交流。

藉由他人的「興致」，彌補自己的不足。

對年輕人來說，也是如此嗎？

010

溫柔待人，強勢生活

「不夠成熟」並不是問題

交往中的對象、觀望中的對象，
就算不夠成熟也無妨。
只要對方的本質「坦率」、「正直」，
就有無限的成長空間。
無論對方是男是女，
只要能「與自己攜手成長」即可。
我們不應該追求一開始就完美無缺的人，
因為，這樣的人並不存在。

011

溫柔待人，強勢生活

不要將太多期待放在同一個人身上

我總是警惕自己
「不要將太多期待放在同一個人身上」。
和這個人一起去喝酒很開心，
和這個人聊起文學興高采烈，
面對這個貼心的人，能輕鬆商量事情——
我會像這樣，
將自己的需求，分攤在不同人身上。
並非不滿於對方的欠缺，
而是藉由對方擁有的，產生連繫。

012

溫柔待人，強勢生活

若是如此，我選擇「孤單」

各位是否混淆了
「深愛的人」與「排解寂寞的人」呢？
因為討厭孤單而強行交往，
一路上會佈滿荊棘，
自己只會傷痕累累。
若是如此，不如選擇「孤單」。
相伴的人，必須是有愛的對象才行。

013

溫柔待人，強勢生活

不管他

面對喜歡的人事物，自然會變得溫柔大方，
但這並不代表面對討厭的人事物時，
就可以表現出攻擊性、或採取失禮的態度。
我會盡量不去思考或在意後者。
簡單來說，就是「不管他」。

014

溫 柔 待 人 ， 強 勢 生 活

別把煩躁擴散出去

心情好時，對誰都很溫柔。

問題是，心情不好的時候，

該如何以自然的態度面對他人呢？

我會明確表達：

「我現在因為某事很煩躁，但是與你無關。」

不把煩躁擴散出去，是大人的禮儀。

015

溫柔待人，強勢生活

世上並沒有
一帆風順的人

為什麼只有我遇到這種慘事？
太沒天理了！我太不幸了！
各位是否曾如此想過呢？
但是仔細想想，
其實不只有自己，
不論是誰，都曾遇過沒天理、不幸的事情。
不論是誰，都抱持著某種煩惱或艱辛。
奮戰也好、接受也罷，
我們都只能盡力活下去。

016

溫柔待人，強勢生活

待在能夠
肯定自己的場所

有些場所是不能靠近的。
那就是「讓自己感到悲慘的場所」。
無論是多麼迷人的地方，
只要覺得自慚形穢，
肯定有懷著惡意的人，
刻意營造出這種格格不入的氣氛。
你不該待在否定自己的地方，
而是能肯定自己的場所。

別忘了調養自己

劇烈壓力的可怖之處，在於反應是有時間差的。

在過程中盡全力完成了任務，

對身心的影響，卻要到事後才會出現。

某位長年擔任美容師的朋友，曾在承受劇烈壓力半年後，

開始掉髮、髮質變差。

我也有過因「時間差炸彈」，導致身體崩潰的經驗。

因此，挺過強大的壓力後，

別忘了在事後好好調養一下。

018

溫柔待人，強勢生活

動態休養法

這是個人經驗談。

人在脆弱的時候，

要是整天躺著休息，

就無法擺脫壓力與低潮，

甚至會變得更加脆弱。

吃烤肉、吃壽司、吃天婦羅！

見見意氣相投的人，談天說地！

別待在這裡，到某處走走！

完成後再大睡一場！

這才是必勝法。

019

溫柔待人，強勢生活

調節內心的想法

「沒有人在意我這些無聊小事。」
「大家都很看好我，所以我要努力。」
人生必須在這兩種想法間適度調節，
不能總是偏向哪一方。
過於放鬆、或是自我意識過剩，
都會讓內心疲憊不堪。
請學會適度切換自我意識的模式。

魔法的話語

「愈是滿心想著自己，

就愈沒有人在意自己。」

如果這段魔法般的話，

能傳遍世界各處就好了。

「丟臉」沒什麼大不了

「丟臉」沒什麼好害怕的。
不要因為丟臉而內心受創。
但是也盡量不要讓他人丟臉。
這三個原則，至關緊要。
覺得丟臉時，只要嘿嘿傻笑，帶過即可。
試著想像丟臉的是別人，
會發現自己丟的臉，對別人來說不過是個笑話。
沒什麼大不了的。

022

適合自己的朋友

很多人表示自己有「溝通障礙」，
但其實只是單純對對方沒興趣罷了吧？
因為討厭「孤單」而勉強相處，終究只會碰壁。
現在這個時代，
只要待在自己有興趣的場所，做些有興趣的事情，
就會有氣味相投的朋友出現，所以別擔心。

023

溫柔待人，強勢生活

不是每個人都得努力

世界上有「努力的人」與「不努力的人」。
更正確地說，是「想努力的人」與
「感受不到努力必要性的人」。
我不是要說哪一種才正確，
最重要的是，彼此不要否定對方。
而且，你的立場也會隨著人生階段而異。
現在的我，正一點一滴努力中。

024

人人都不完美

無法控制好自己的一言一行，
實在是太令人懊悔了。
沒說那種話就好了。
沒做那種事就好了。
不過，每個人都一定有過類似的想法。
因為人人都不完美，
會遭遇各種挫折，也是理所當然的。
不需要求他人完美，因為我們自身也不完美。

025

不要採取藐視他人的言行

「不採取藐視他人的言行」，
是非常重要的一件事。
常言道「三人行必有我師」，
無論是什麼樣的人，
肯定擁有比自己優秀的地方。
藐視他人的人，往往不被當成一回事，
因此試圖藉由藐視他人的行為，來吸引注意力。
可惜這麼做，非但無法提升自我價值，
還會因此而貶值。

026

不要藏私

平常要留意別藏私。
遇到好事就告訴大家，大方與人分享。
能為他人辦到的事情，就儘管去做。
藏私的人，會透露出想贏過他人的氣息，
因此惹人討厭。
祝各位今天也不藏私，
度過坦率而美好的一天。

027

溫柔待人，強勢生活

向對方表現出喜怒哀樂

「喜怒不形於色，才是大人的表現。」
或許有人如此認為，
但是，不要太過火的話，我認為表現出來也無妨。
最難親近的人，就是看不出在想什麼的人。
確實表現出喜怒哀樂，
對方也會好好承接你的各種情緒。

028

「清潔感」是標準配備

「清潔感」是最強大的時尚元素。

而且，「清潔感」也是內心的氣壓計。

所以，請讓「清潔感」

成為日常的標準配備。

029

不要對他人過度期望

無論是現實、還是包括推特在內的網路世界，
難免會遇到
「沒想到你是這樣的人，真失望」的回饋。
各位不認為，講這種話很失禮嗎？
為什麼會指望別人符合自己的想像呢？
「這些部分我認同」、
「這些想法和我不同」。
僅此程度即可。

030

縮小主詞

今天在發推特時，
思考起發文時「用自己當主詞」的重要性。
我長年身處漫畫界，但並不能代表整個漫畫界。
就像有某種障礙的人，
說出的話也不代表整體身心障礙者。
所以，應該縮小主詞。
「我不是什麼重要人物」、「我不代表任何立場」，
抱持這樣的自覺，
不要隨便代表大家的想法。

031

推特三原則

不鬧彆扭、

學著灑脫、

遵守禮儀。

這是我心目中的「推特三原則」，

不過在現實生活中，也是如此吧？

光是遵守這三原則，人際往來就會更加圓滑。

如果以三原則為基礎，再搭配坦率就更棒了。

032

「一則推文」
不等於「整體人格」

以前曾有位追蹤者表示：

「我對你這番言論非常失望，

但是，我不會停止追蹤。」

這讓我覺得很溫馨。

要是每個人都把一則推文視為整體人格，

那麼就玩不了推特了。

033

笑容的力量

對現在的我來說，
最大的力量來源就是笑容。
遇到笑容滿面的人，
我也會跟著綻放笑容。
各位又是如何呢？
在身邊沒有面露笑容的人時，
是否也感到沒什麼精神呢？
我經常覺得，笑容真是很了不起呢。

034

溫柔待人，強勢生活

「謝謝」與「微笑」

「謝謝」與「微笑」，

不都是免費的嗎？

不都很簡單嗎？

不都會讓自己和對方

心情變好嗎？

而且，這不是非常重要的嗎？

如果能把這兩件事變成習慣，

就太好了，對吧？

035

溫柔待人，強勢生活

期待的方式

「期待」與「被期待」其實很困難。
為了不辜負他人期待而自我犧牲很傻，
但是不被期待，卻令人寂寞。
對方無法實現自己的期待，沒什麼好埋怨的。
他人對自己有所期待，是件值得開心的事。
如果期待與被期待的雙方，
都能夠維持正面想法就好了。

036

「自我中毒」與「他人中毒」

這世界上，有「自我中毒」與「他人中毒」。
兩者都是失衡，不是好事。
「自我中毒」的人總是想著自己，
以自我為中心，很自私。
「他人中毒」的人則過於執著他人，
挑剔他人毛病，某程度上就像跟蹤狂。
無法掌握自己與他人間的距離感，
就會中毒生病。
網路世界上更容易如此。

推薦方與被推薦方

向他人推薦某件事物。

某本書、某間餐廳、某部電影……

「真的很棒喔！」

話雖這麼說，

但是接受推薦的一方，

也有自己的喜好、時間限制與金錢狀況。

所以推薦方可不能詢問：「你覺得如何？」

不介意的話，請等被推薦方主動提及吧。

由推薦方詢問意見，實在白目。

038

別責怪他人

就算站在優於對方的立場，
也不要責怪他人。
我到這把年紀，
終於明白這是解決問題的最佳方法，
也是讓彼此幸福的最快捷徑。
雖然有點遲，
但幸好，我懂了。

039

來自「新血」的救贖

朋友、伴侶、親人、同事等人際關係觸礁時，
往往是由於長時間
局限於兩人或是熟面孔所致。
雙方底牌都已出盡，只是不斷拉長戰局而已。
此時，突破瓶頸的好方法，就是引入「新血」。
盡可能是開朗溫柔的人。
我曾有無數次，
獲得「新血」的救贖。

040

多聽少說

和他人對話時，
刻意「多聽少說」是最恰當的。
因為就算留心，
仍會不小心說得太多。
如同你希望他人傾聽自己的心聲，
對方也希望有人能傾聽自己的想法。

041

不過度依賴，不過度努力

「依賴他人的分寸」，非常難以掌握。
什麼都麻煩別人，會顯得自己很軟弱。
不過，什麼都要自己完成，
乍看很厲害，
實際上無法信賴別人的自己，同樣軟弱。
只要了解恰到好處的「依賴別人的方法」，
人生就會輕鬆許多。

042

溫柔待人，強勢生活

既然接受
就不要抱怨

遇到直說就是添麻煩的他人委託或工作時，
你會在什麼時間點埋怨呢？
接受之前、進行中，還是完成後？
我認為，百分之百必須在接受前。
「討厭就是討厭。」接受前還有拒絕的可能性。
一旦接受了，既然同樣得做，
就請面帶笑容地做。
完成之後，也能享受體貼他人的成就感。

043

挑剔別人
對誰都沒好處

能不能別再「挑剔他人」了呢？
世界上沒有完美的人，
挑剔別人的自己，同樣遭受負面情緒所侵蝕。
對誰都沒有好處。
總覺得踏入網路時代後，
就變成挑剔大會了，這點實在討厭。
不要對他人太過潔癖，
自己也會活得輕鬆點。
希望大家都能「找出他人的優點」。

044

面對愈重要的人，愈不能完全表現自己

與喜歡的人之間，必須有適度的「祕密」。

「我對你瞭若指掌」，

代表彼此間已經沒有新發現了。

愈是希望長久往來的對象，

愈要藉著「沒想到你還有這一面」

來調劑彼此間的關係。

因為人們總是會被出乎意料的一面所吸引。

理所當然般存在的人

對你沒有任何好處。
與你的幸福沒有任何關係。
對你來說毫無魅力。
不過，就算眼前站著這樣的一個人，
也別忘了笑臉以對，
告訴自己：「眼前是一個值得尊敬的人。」
面對理所當然般存在的人們，我總是抱持好感。

046

別以產能來評斷他人

不懂得抱持「避免以產能評斷他人」的價值觀，
會變成很冷漠的人。
將弱勢者、年長者等，
視為毫無價值的人，
自己也會感到痛苦。
因為沒有人能夠一輩子強勢，
總有一天，你也會變老。
不受他人價值觀所迷惑，也是很重要的。

047

「應該知道的事」與「不知道也無妨的事」

「別被雜音轉移注意力。」
身處資訊爆炸時代，這是格外重要的事情。
必須清楚區分「應該知道的事」
與「不知道也無妨的事」。
不這麼做，就無法專注於自己的人生。
無法專注的話，就會在意與自己有關的流言等。
身處於充斥著各種雜音的世界，
若不建立好區分的標準，
就會讓自己淪為雜音的一部分。

048

溫柔待人，強勢生活

「溫柔待人，強勢生活」
是我的處世之本。
因為決定要強勢生活，
所以能接受大部分的事實，
放過那些無聊的芝麻小事。
活得太過懦弱，就是對生命的浪費。
今天的我，
依然會持續相信自己的強韌。

049

別誤解所謂「接受真實的自己」

讓別人「接受真實的自己」，
是很重要的。
但是不能為了讓別人「接受真實的自己」，
就徹底表現出自己的真實樣貌，
招待他人踏進髒亂的家。
請務必為客人整理客廳、
裝飾鮮花、準備美味的茶點。
可惜，許多人都對此有所誤解。

050

溫柔待人，強勢生活

活得像自己

「請讓我活得像自己。
非改不可的地方，我會努力改變的。」
活到現在，我一直都是這麼想的。
想必今後也會抱持著這個想法，
繼續走下去。

「正確」與「溫柔」

將「正確」與「溫柔」

擺在天秤兩端時，

我希望能以「溫柔」為優先。

因為正確總是會隨著溫柔現身，

不是嗎？

052

溫柔待人，強勢生活

抬頭挺胸過日子

不要迎合任何人。

誠實、坦率，

抬頭挺胸過日子就好。

053

「苦」的耐力

這裡要告訴各位一件遺憾的消息，
那就是你現在的「苦」，
並不會是最後的「苦」。
就算解決了眼前的「苦」，
只要活著，「苦」就會換個方式再度降臨。
但是，我認為這樣也無妨。
只要有所學習並成長，
就會培養出熬得過下一場「苦」的耐力。
就這樣至死為止，
倒也無妨。

II

斬斷惡緣，締結良緣

「有緣自然會再見」
的心態最恰當

054

斬斷惡緣，締結良緣

「有緣自然會再見」的心態最恰當

不要執著於「主動求去的人」。
原因不見得出在你身上，或許是因為對方。
也或許根本沒有原因，
對方只是不知為何想離開而已。
不只是對人，對場所亦然。
因為只要是人，
無論是對群體、個人、場所還是物品，
都會有厭煩的時候。
抱持「有緣自然會再見」的心態即可。

055

要不要喜歡某人，自己決定就好

要不要喜歡誰這種小事，
不用尋求他人的意見，自己決定就好。
要不要討厭某人這種小事，
不用「找人一起討厭對方」，自己決定就好。
因為，只要不是出於自己的決定，
在出錯時，肯定把責任推給別人。

056

斬斷惡緣，締結良緣

自然而然、感到愉快的人

在你身邊，
是否有能讓你放鬆下來的人呢？
並不是透過奉承或吹捧，
而是待在一起，自然而然就會感到愉快的人。
想成為那樣的人，
首先必須培養「觀察力」。
不是用於觀察別人的缺點，
而是以溫暖目光，探索他人優點的觀察力。
如果能擁有這種能力就太好了。

057

斬斷惡緣，締結良緣

人際關係的武器

與生俱來的性格不同，
成長環境不同；
喜歡的與討厭的事物，當然也不同。
這樣的我們，若想融洽相處，
唯有不斷磨練體貼對方的「想像力」。
不必接受對方的全部，
要接受哪個部分，正是關鍵。
人際關係的最強武器，就是「想像力」。

058

相遇的次數很重要

遇見的人，會決定人生。
而相遇的次數，非常重要。
隨著遇見的人數增加，視野就變得開闊，
逐漸產生自己的主見，也確立自己的人格。
當相遇的次數愈多，
你所遇到的對象，也自然會愈來越棒。
當感受不到生存價值時，
單純只是還沒有遇見重要的人。

059

斬斷惡緣，締結良緣

別再多想了

「討厭的人，討厭就好了，
別再多想了。」
說起來很簡單，
卻非常重要。

060

斬斷惡緣，締結良緣

與「願意等待自己成長的人」來往

別和「動不動就生氣的人」扯上關係。
如果在家庭、職場等，
需要長時間、近距離接觸的地方，
有愛生氣且無助於自我成長的人，
請切割對方，並在心裡保持距離。
成長需要時間、失敗理所當然，
如果一失敗對方就生氣，未免太無情了。
與「願意等待自己成長」的人來往，
至關緊要。

061

斬斷惡緣，締結良緣

「結束的時刻」總是悄悄到臨

我認為兩人的心相距最遠的時候，
通常不是因為價值觀差異而大吵、
或是對彼此的不滿爆發時，
而是雙方中的任一方，
覺得「啊，不管說什麼都沒用了」的時候。
這就是所謂「結束的時刻」。
為了避免與重視的人走到這一步，
請記得主動敞開心胸。

062

斬斷惡緣，締結良緣

認清需要劃清界線的人

試著寫下自己的不幸。
試著寫下自己的幸福。
如此一來，就能夠分辨想繼續來往的人，
以及需要劃清界線的人。
這就是人際關係整理法。

063

斬斷惡緣，締結良緣

不要事事受影響

不可能所有事情都順心如意。
我們有自己的需求，
對方也有他的需求，
兩者之間或許會有所落差。
當你覺得現在「發生了幾件不順心的事」時，
穩定心情、泰然處之，
才是最佳的應對方法。
人生不如意十之八九，
可別事事都受影響。

064

明辨「建議」的價值

在想法遇到瓶頸時，
如果某人的建議有助於拓寬思路，
讓心中浮現「還有這個選項」的想法，
那就值得一聽。
不過，如果是「要這樣做、要那樣做」這種建議，
反而會限制思考，
對方只是希望你變成「方便的工具人」而已，
這樣的意見，就不值得理會。
請明辨建議的價值。

065

斬斷惡緣，締結良緣

覺得不對勁時
就是不對勁

無論是尊敬的對象，或向來信任的人，
當對方說：「沒問題」，
你卻感到哪裡不對勁時，
請務必審慎確認。

這樣的直覺，
有很高的機率是正確的。

如果沒問題當然就沒事了，
不過，請避免「因為他說沒問題」
就停止思考的行為。

今天，也要重視自己內心的「不對勁」。

066

斬斷惡緣，締結良緣

不要讓情緒過於激動

「大驚小怪」的人，會削弱自己的能量。

「不覺得那個人很討厭嗎？」

「真的！」這點程度的小事，

就激動到說出：

「不能原諒！去死！」的話。

等級1的事情，就以等級1的情緒去面對，

不要對等級1的事，回以等級10的情緒。

內心動搖很正常，不過，要努力保持平常心。

067

斬斷惡緣，締結良緣

表明自己的態度

要「反應」，還是「無視」？我會清楚表明自己的態度。

尤其是使用社群網站時，遇到應有所表達的對象時，

我會秉持誠意，提出意見。

如果是搞不清楚在想什麼的對象，

就不做出任何反應。

不是0就是100！

不值得一提的人，

就連記憶中的小角落，也不留給對方。

每天都要趁著睡覺時間，重新開機。

068

斬斷惡緣，締結良緣

扯上關係會很麻煩的人

這世上，尤其是在日本社會中，
一眼便知是「壞人」的人，
通常會在問題發生前就遭受排除，
不太會與一般人扯上關係。
不過，像是
「懶惰的人」、「隨便的人」、「散漫的人」，
這種稱不上壞、也算不上好的人，
不會在一開始就被排除。
不過，一旦扯上關係，
就會讓事情迅速複雜化。

069

斬斷惡緣，締結良緣

沒空理那些無聊小事

我已經沒有閒功夫，
去應付無聊小事。
會滿腦子牽掛無聊小事的人，
或許就是太過天真，
以為「人生的時間還很長」。

070

斬斷惡緣，締結良緣

不因他人的
人際關係而煩躁

人際關係真的很困難，
每個人都會有討厭的人或敵人。
而當喜歡的人和對方交上朋友，
常會為此感到煩躁。
所有的人際關係均是如此，
因此，必須切實掌握自己的軸心，
打造出強大的自我認同，
才不會受到煩躁的心情所影響。

071

斬斷惡緣，締結良緣

人生的誤差

活得久自然會明白，
有時失敗、有時消沉，
有時生離死別，
這些都在「人生的誤差」範圍內。
不必太過煩惱！

072

斬斷惡緣，締結良緣

別變成「討人厭的傢伙」

雖然不必強求每個人都喜歡自己，
但是，絕對不想變成「討人厭的傢伙」。
我下定決心：
「雖然身為人類，一定會有缺點，
但不能變成連自己都知道自己有多討人厭的傢伙。」
不是「好人」也無妨，
不過，變成「討厭的傢伙」，
人生會很無趣。

073

斬斷惡緣，締結良緣

原諒他人，也就能原諒自己

「原諒。」

我經常會想，

要讓自己從人生的束縛中解脫，

是不是唯有原諒他人呢？

決定「原諒」之後，各方面會重獲自由。

我認為，這世界上的醜惡，

多半源自於「不能原諒」。

「原諒他人，也就能原諒自己。」

內心會變得輕鬆地令人訝異。

074

斬斷惡緣，締結良緣

從面相
就能看出一切

長相美醜，

因人而異。

不過，內心的一切都會表現在面相上。

面相和善的人，

任誰都會喜歡。

可別搞錯長相與面相囉。

相較於凍齡，面相才是最重要的！

075

從「堅強程度」選擇

漂亮的女性、帥氣的男性；
外表是喜歡上一個人的重要因素。
但是戀愛或結婚的對象，
請從「堅強程度」選擇！
這是我八十二歲得到的結論。

076

我也一樣

只要是人，
都會說謊、背叛、轉身離去。
你、我也是。
這不是誰的錯。

III

自信是護身符

找到能支撐自己的
「某種要素」

077

自信是護身符

找到能感到驕傲的「某種要素」

乍看普通、卻散發出凜然氣勢的人，
肯定對某件事情「充滿自信」。
換句話說，在他人看不見的地方，
有足以讓他感到驕傲的「某種要素」。
像是博學多聞、
工作的成效提升、
私生活過得很充實等等。
擁有「某種要素」，就足以支撐自己。
即使只有一項也行。

078

自信是護身符

了解自己的「優點」

各位是否清楚知道，
「自己的優點」是什麼呢？
只要有所自覺，
就算遇到稍微討厭的事情，
也會認為：
「我有這麼厲害的地方，
所以沒問題！」
自己的優點，
可說是生存必需的護身符。
所以請找出自己的優點，
培養出自信吧。

079

自信是護身符

別認為自己不夠好

「不要追求自己欠缺的特質，
但是，要確實磨練自己所擁有的特質。」
滿腦子想著自己辦不到的事，終究還是辦不到。
能夠持續成長的，
只有自己本來就擁有的事物。
各位可別養成
「認為自己不夠好」的壞習慣。

080

自信是護身符

「缺乏自信」的惡性循環

「缺乏自信」有多麼愚蠢呢？
比如說，好不容易有了交往對象，
卻暗自心想：
「和我這樣的人在一起，
看來你也沒什麼了不起。」
這時明明應該更有自信，
卻反而看不起對方，
形成惡性循環。
請告訴自己：「挑到我，算你有眼光。」
對自己有信心！

081

自信是護身符

失落是對自己有所期待的證據

失落地認為「我真沒用」，
其實是件好事。
因為，正是對自己有所期待，
才會感到失落。
「真正的我，才不只這樣。」
所以說，失落請適可而止，
繼續前進吧！

082

先從肯定開始

持續稱讚女性「漂亮」，對方就真的會變美。
持續稱讚學生「很有才華」，
對方就真的會畫出有趣的作品。
我曾有過無數次這樣的經驗。
稱讚是「讓對方有自信」＋「促使對方努力」的話語。
當然不能光是稱讚，
但是，面對沒自信的人，
否定無助於對方成長。
所以，請先從肯定開始。

083

自信是護身符

樂觀邁進

進展順利的話，就變成「自信」，
進展不順利的話，就成為「經驗」。
只要像這樣，
樂觀地邁進就夠了。

084

自信是護身符

能肯定你的人

我有位非常健談的年輕男性朋友。

他似乎聊得非常快樂，於是我詢問了原因。

對方坦言告知：

「父母總是以否定的態度對我，

小時候的我，因為缺乏自信而非常害怕聊天。

雖然曾喪失自信，

但長大後卻發現自己說的話，

能獲得他人的回應，

這點讓我開心得不得了。」

真是太好了。

085

自信是護身符

無條件的愛

我時常在想，
如果父母能一直讓孩子感受到：
「我們會無條件愛你。」
而孩子也能徹底接收這份感情，
那麼這個世界上，
肯定會有更多溫柔的人。
因為體驗過無條件被愛的人，
會擁有「毫無理由的自信」，
這裡是指好的方面。

086

無論是誰，都有成長空間

孩子當然都有成長空間，
不過其實就算是大人、老人，
也都有成長空間。
我們都還可以繼續成長！
可以的、可以的，別擔心！

087

自信是護身符

過著不成功的人生也無妨

閉門不出成為社會問題已久，

我認為，周遭環境無法給予孩子適度的刺激，

讓孩子期待：「今天要做什麼呢？」

或許是間接的肇因。

老說著「要成功、要加油」的大人，很討厭吧。

我真想對這些孩子說：

「過著不成功的人生也無妨。」

088

只是迷思

我寫下「世界上沒有無能的人」的推文時，

收到「我就很無能」的留言。

我寫下「你的優點是什麼呢？」的推文時，

收到「我沒有優點」的留言。

這些都不是事實。

你會這麼缺乏自信，

只是因為周遭讓你這麼誤以為而已！

有問題的不是你，

而是周遭的「人」與「環境」！

089

自信是護身符

打理自己的效用

無論心情如何，都要「好好打理自己」，
是非常重要的一件事。
將自己打理得體面，
就足以保持自信，
就算是只想躲在家裡的時期，
也會猛然浮現「出門走走」的念頭，
另外，也能讓別人留下良好的印象。
這不是什麼「區區外表」，
也不需昂貴的服飾。
只要穿上乾淨整齊的服裝即可。
光是這樣，就能夠改變想法與行動。

090

自信是護身符

世界上沒有
不會消失的壞事

「今天的身體狀況如何呢？」

曾有追蹤者如此關心我，

雖然那天上午不太舒服，下午也沒有好轉，

雖然那一整天都稱不上好，

但我還是回答：沒問題。

因為還有明天，

如果明天還是不舒服，就等等看後天吧。

世界上沒有不會消失的壞事。

就算今天不是「好日子」，

那也沒問題。

091

自信是護身符

內心浮躁時，就是改變自己的時候

內心的浮躁，
是改變自己、有所行動的信號。
如果錯失信號，就會錯過機會。
儘管想活在平靜安穩的舒適圈，
但變化是成長的必要養分。
有所變化時，內心就會變得浮躁。
請不要以負面眼光，
看待內心的浮躁。

092

自信是護身符

享受辦得到的事情

我八十二歲了，現在住院中，
雖然整天躺在床上，
但我相信自己還有無限的可能性。
正在閱讀這篇文章的各位，也是如此。
我們的確都有辦得到的事情，
以及辦不到的事情，
但是，我們還擁有無限的可能，
所以只要享受辦得到的事情即可。
現在的我，依然很期待未來的人生。

謹慎而大膽

我的內在，有謹慎的一面，
也有大膽的一面。
我認為，兩者都有其必要。
光是謹慎不好，
光是大膽也不好。
必須視情況，
讓適當的一面登場。
今天，
也一起試著謹慎而大膽地過活吧。

094

自信是護身符

「肯定自己」心情比較好

「辦不到的那傢伙，真沒用。」

相較於他人的否定，

「辦得到的我，真厲害。」

這種自我肯定更重要。

這樣不是能讓心情更好嗎？

095

自信是護身符

別把「部分」當作是「全部」

我身上有很多自己覺得討厭的地方，
也有很多沒用的地方。
但這些討厭的、沒用的地方，
都只是我的「一部分」，並非「全部」。
難免會有些人誤以為這些負面的「部分」，
等同於自己的「全部」。
請各位千萬別讓負面「部分」，
搶去了其他正面「部分」的光彩。

096

自信是護身符

我決定「從今天開始重新來過」

我認為，「重新來過」是個很棒的詞彙。
任誰都會失敗、犯錯或偷懶，
不過只要還活著，就能重新來過。
只要決定「從今天開始重新來過」，
馬上有所行動即可。
如果能在今天下定決心就太好了。

097

自信是護身符

不能輸給會嘲笑他人的人

任誰都有過這樣的經驗吧？
看到外國人用自己聽不懂的語言談笑風生時，
便擔心對方是不是在嘲笑自己。
就算能聽懂對方在說什麼，
脆弱時只要看到別人在笑，就覺得是在笑自己。
明明有自信時，完全不會在意這些的……
自信很重要。
就算別人真的在嘲笑自己也無所謂，
我們不會輸給那種嘲笑他人的人。
任誰都沒有權利侵犯你的自信。
嘲笑他人的人，肯定也會被人嘲笑。

098

自信是護身符

忘掉無謂的情結

世界上最麻煩的，
就是「半吊子的情結」。
重大到足以左右人生的情結，
是必須學習一輩子和平相處的朋友。
至於怎樣都好的無謂情結，
請直接忘掉吧。
這是為了避免讓重要的自己，
被無所謂的情結所拖累。

099

自信是護身符

意志力薄弱很正常

我認為，一般來說，
人的意志力薄弱才是正常的。
追求輕鬆的道路、
容易依賴、容易放棄。
因為自己的意志力薄弱，
一旦缺乏「想要變強」的目標，
就無法成為理想的自己。
雖然很困難，但正因為困難，
才值得為順利貫徹意志的自己，感到驕傲。
今天的我，也會再稍微努力一些。

100

自信是護身符

想辦法讓自己有所成長的人

長時間住院就會明白。
世界上，有已經放棄的病患，
以及還沒放棄希望的病患。
還沒放棄希望的話，
就算上了年紀，也會努力學習，
或努力做點讓自己有所成長的事情。
所以，我今天也訂了一本新書。
我想成為不放棄學習的人。

自信是護身符

今天也實現小小的願望

我見過一些懷抱遠大夢想，
卻反遭夢想擊潰的人。
至於我實現夢想的方法，
就是每天實現一些小小的願望，
感受微小的喜悅。
如此一來，回過神時，
就發現自己又更接近夢想了，
也會一點一點提升對自己的肯定。
一小步、一小步，踏踏實實。
希望今天，也能實現小小的願望。

102

認識自己的容量

人生的課題並非「愈少愈好」，
了解自己能處理的課題量非常重要。
通常覺得人生很痛苦時，
就代表面對的課題，
已經遠遠超出了自己的容量。
此外，每個人的容量截然不同，
不和他人比較也是一大關鍵。

103

自信是護身符

制定一些「沒做也無所謂的計畫」

透過經驗，
我學會了克服幹勁低落的方法，
那就是「制定計畫」，
而且，是不能有其他人參與的計畫。
這是為了避免臨時喊停時，
會因為無法遵守與別人的約定，
而產生不必要的罪惡感。
請制定一些「沒做也無所謂的計畫」。
也就是能讓你心想：
「結果沒能執行，那就算了」的計畫。

104

自信是護身符

嗯，沒問題。

我正面臨火力全開的

冬季憂鬱＆高齡憂鬱，

但是卻有股神祕的信心，

認為：「那天、那天還有那天，

都順利度過了，

今天肯定也沒問題。」

嗯，沒問題。

105

自信是護身符

生存的養分

在日常生活中感到難熬時，
別忘了送自己一些「開心事」，
才能順利撐過去。
這些微小的「開心事」，就是生存的養分。
有時可以從他人身上得到，
不過，還是自己打造的最可靠。
人類是很單純的，只要有些小小的開心事，
就會感到幸福。

106

自信是護身符

「最棒的時刻還會來臨」

隨著年事漸高，
會忍不住回首過去，
想著「那時真好」。
但是，我仍會積極想著：
「最棒的時刻還會來臨。」
還會來臨，還會來臨。

107

自信是護身符

「平靜面對自己的年老」

「平靜面對自己的年老」，
是件非常重要的事。
頭髮變得稀疏、
長出老人斑和皺紋、
身體問題一大堆，
若隨著年齡增長，在意得沒完沒了，
心情就會非常低落，
人生後半場也開心不起來。
而人生的後半場，其實還相當漫長。
我們得學會好好從年輕畢業。

IV

保護心靈，不受惡意傷害

不專注在
討厭的人事物上

108

保護心靈，不受惡意傷害

表現出「我和你處不來」的態度

和討厭的事物保持距離。
和討厭的人保持距離。
就算再怎麼留意，
討厭的人事物還是會自己出現，
所以最起碼不要主動接近。
就算覺得尷尬，也要清楚表現出「我和你處不來」。
曖昧的態度，對彼此都沒有好處。

109

保護心靈，不受惡意傷害

「不專注在討厭的人事物上」

我已經決定：
「不專注在討厭的人事物上。」
想避免討厭的人事物在腦中不斷盤旋，
導致無止盡的負面循環。
我想專注於喜歡的人事物上。
下定決心後，
總覺得內心清澈無比，
就像一碧萬頃的秋日晴空。

110

保護心靈，不受惡意傷害

想說的人，就讓他去說

「想說的人就讓他去說，
沒有人傷得了我，
也沒有人能擾亂我。」
下定決心後，
我就變得不再隨他人起舞。
別忘了，
自己的心要由自己守護。

111

保護心靈，不受惡意傷害

那不是你的問題

我們都知道，
個性惡劣、蠻橫的人，
身旁總聚集吸引著同樣惡劣、蠻橫的人。
但是啊，就算身為一個好人，
一個溫柔的人，
仍會有許多惡劣、蠻橫的人主動接近。
請切記：這不是你的問題。
世界上就是有這種事，
不如就快點忘掉吧。

112

保護心靈，不受惡意傷害

讓你的心
遠離個性惡劣的人

一般人都會盡量留心，
避免讓他人不快，對吧？
但是，再怎麼注意、再怎麼小心，
還是難免造成他人不快，對吧？
反過來說，
「存心造成他人不快的言行」非常惡質。
今天，也要開心過日子，
讓你的心
遠離那些個性惡劣的人！

113

保護心靈，不受惡意傷害

將時間與情感
花在喜歡的人事物上

以「一天」為單位，
出現的情緒簡直多得令人訝異。
對每件事都大驚小怪的話，
任誰都會沮喪、疲倦，
尤其是面對負面情緒時。
為討厭的人事物煩惱，只是在浪費時間。
請將時間與情感，都花在喜歡的人事物上。

成為「能讓自己開心的人」

「擅長感受自我內心平衡的人」，

很厲害對吧。

就算遇到討厭的事情，

也能夠找到樂趣，維持平衡。

就算遇到無聊的事情，

也能夠享用美食，轉換心情。

這就是所謂「能讓自己開心的人」。

希望今天，也能成為那樣的自己。

115

保 護 心 靈 ， 不 受 惡 意 傷 害

笑吧

哎呀，不妙！

今天竟然

一次都沒笑過！

難怪心情這麼低落！

116

保護心靈，不受惡意傷害

睡吧

每到夜晚……

內心就變得不安穩。

對明天的擔憂、

今天沒見到想見的人、

找不到自己的生存價值。

這時的特效藥，

就是去睡吧。

117

保護心靈，不受惡意傷害

讓整個家一起慢慢入睡

我非常好睡，這其實是有訣竅的。

那就是讓整個家一起慢慢入睡。

讓沒讀完的書入睡、讓沒聽完的音樂入睡，

關掉家中的燈，不要把負面情緒帶進被窩，

心中想著：「接下來八小時，

都能自在舒服地睡在乾淨的被窩裡」，

接著讓自己入睡。

我非常推薦這個方法。

118

保護心靈，不受惡意傷害

將嘆氣
轉換成深呼吸

忍不住想嘆氣時，
先別吐氣，
改成深深吸一口氣。
轉換成深呼吸後，
原本想嘆氣的情緒，
也會跟著稍微平靜下來。

119

保護心靈，不受惡意傷害

痛苦的時候
不要後悔也不要反省

覺得人生痛苦時，
請不要後悔、也不要反省。
可以不斷看超級有趣的網站或影片，
和超級好笑的人大聊特聊、盡情笑鬧，
也可以盡情妄想和憧憬的人相處。
請透過各種無聊小事，
讓自己快樂起來。
首先，要有生存的體力與心力，
才有辦法反省。

區分「回憶」與「資訊」

要區分「回憶」與「資訊」。
我們只需要記得
美味的食物、愉快的事等，
能讓心情變柔和的事物。
其他的事情，就當作是「腦部資訊」，
「記錄」下來就好。
只要學會如此區分，
生活就會變得輕鬆許多。

121

保護心靈，不受惡意傷害

不要刻意接近

前往有過不好回憶的地點時，
是不是會舉步維艱、心情變差呢？
想起討厭的回憶，
內心就陷入混沌，浮躁不已。
「不要刻意接近討厭的地點或記憶。」
「忘記吧！」
「用更快樂的事件蓋過。」
只要遵守這三個原則，
內心就會輕鬆許多。
歡迎嘗試看看。

先到「安全地帶」避難吧

覺得現在的人生太過煎熬時，
會不會是因為待錯了地方呢？
當然，無論去到何處，
都不可能「零痛苦」，
但是，當痛苦的如暴雨般來襲時，
很可能是單純因為待錯了地方。
首先得前往「安全地帶」避難才行。

123

保護心靈，不受惡意傷害

還有「逃跑」這個選項

「精神安定」並不是什麼難事。
我強烈感受到，
讓內心不安定的一切，
「即使不是現在，遲早也會結束」。
所以，請想著「橋到船頭自然直」，
抱持客觀、樂觀的態度。
而這時最重要的，
就是別忘了還有「逃跑」這個選項。

124

確實從過去中振作起來

過去的不好回憶，有時會忽然浮現，
讓你的心情瞬間低落，對吧？
你搞錯了。
那些不算是「回憶」，只是「腦部記錄」。
「畢竟是發生過的事情，
所以腦部就稍微記錄一下。」
這樣一想，就不會感到低落了，
也能夠確實從過去中振作起來。
沒問題的。

125

保護心靈，不受惡意傷害

忘不了的事情，就逃避吧

對於無論如何都無法原諒的事件、
憎恨、討厭的回憶等，
實在無法說忘就忘。
不過，我們還有一種「逃避」的方法，
那就是讓「現在」幸福。
發生過各種事情，
不過，只要「現在」幸福，
負面情緒就會減少；
反之，如果「現在」不幸福，
就會遲遲無法擺脫。
為了幫助自己，
請讓自己變得幸福吧。

126

保護心靈，不受惡意傷害

人生只有一次，請為自己而活

你是否忘了
「人生只有一次」呢？
僅只一次的人生，
不是為了扮演
「他人眼中的好人」、「工具人」。
為了自己，
你一定可以活得更自由。

127

保護心靈，不受惡意傷害

別把時間分配給討厭的事

「別把時間分配給討厭的事、
或是說人壞話。」
光是這樣下定決心，
就能讓自己擁有更多喜歡的時間。
說起來非常簡單，
卻是擁有愉快生活的重要人生訣竅。

大笑

整天想著討厭的事、憎恨別人而活，

人生就太過漫長了。

一天的時間稍縱即逝，

只要一天之中，

有大笑過一次，

就能讓這天成為最棒的一天。

今天，是否也能大笑呢？

129

保 護 心 靈 ， 不 受 惡 意 傷 害

「誤解與理解」

前幾天，有位追蹤者說：

「我有時會覺得發推特很可怕。」

我能夠理解。

有時沒特別多想就發了文，

卻不知道大家是否都能理解我的本意，

而且，必定會遇到心懷惡意的人。

不過，所謂的社群軟體，

就是由許多「誤解與理解」交織而成，

先做好心理準備吧。

130

保護心靈，不受惡意傷害

人品好的人

身旁有「壞心眼的人」，
真是人生一大損失，
因為對方肯定會帶來不好的回憶。
可以的話，
真想和人品好的人待在一起。
而達成這一點最快的捷徑，
就是先讓自己成為人品好的人。
乍看簡單，實則困難，
希望今天也是愉快的一天。

131

保護心靈，不受惡意傷害

不要一廂情願，認定「自己很弱」

我曾因某人的言行而深受傷害。
但是，這不代表受傷的我是「弱者」，
也不代表傷害我的人是「強者」。
會採取傷害他人的言行，
通常代表那人的內心有多軟弱。
可別因為受傷了，
就輕易認定「自己很弱」。

132

保護心靈，不受惡意傷害

是否待在
適合自己的地方呢

待在適合自己的環境，
人生的痛苦就會大幅減少，
人生的喜悅則會大幅增加。
就像待在沒有魚的地點，
再怎麼釣都釣不到魚，
只要待在適合的地方，
幸福自然會上鉤。
你是否待在適合自己的地方呢？
請先從這件事情開始思考吧。

133

保護心靈，不受惡意傷害

深入他人內心的覺悟

在深入他人的內心之前，
必須先有與之相應的覺悟。
但是，有太多人缺乏這份覺悟，
就輕易地闖進他人的內心。
你是否已經有所覺悟了呢？

不要拖太久

覺得不對勁時，
要趁狀況輕微時趕快處理，
無論是心理，還是生理。
放著不管，會變得很難痊癒，
請慎重以對。
只要稍微覺得不對勁，
就不要在乎他人目光之類的，專心治療。
這並不是個性草莓，而是為了保護自己。
今天，也要自己守護自己。

135

保護心靈，不受惡意傷害

缺點與弱點

坦白自己的缺點，
別人就能夠彌補。
隱藏自己的弱點，
否則會被人利用。

136

保護心靈，不受惡意傷害

轉換心情的法則

想說別人的壞話，
或是灰暗心情一湧而上時，
我會找個自己超喜歡的娛樂，
盡情沉浸其中。
漫畫也好，電影也好，音樂也好，什麼都好。
只要這麼一做，
就真的會覺得別人的事與自己無關，
非常神奇。
請為自己打造出轉換心情的法則吧。

137

保護心靈，不受惡意傷害

正面的自暴自棄

發生不好的事，
內心備受衝擊。
想要避免這些狀況化為壓力，
牽絆住內心時，
不妨試試看正面的「自暴自棄」。
這裡談的，絕不是負面的自暴自棄。
而是：「再怎麼煩惱都無濟於事，
所以煩惱也只是白費工夫！」
像這樣的自暴自棄。
如此一來，
就會湧現再接再厲的幹勁。

138

保護心靈，不受惡意傷害

討厭的自己

儘管努力不想惹人嫌，
或許也真的成為不被任何人討厭的人，
但是，還真討厭那樣的自己，對吧？

139

保護心靈，不受惡意傷害

讓身邊只剩下喜歡的人

做好被討厭也無妨的心理準備，
其實反而會增加喜歡的人呢。
世界上，絕對會有「討厭自己的人」，
只要做好被討厭的覺悟，
就不會在意對方的存在，
眼中就只剩下喜歡的人了。
生活也會因此變得輕鬆許多。

活著就是「不要恐慌」

在生活中留意「不要恐慌」，
是非常重要的一件事。
無論大小事都很容易恐慌時，
即使打算「接受」或「奮戰」，
也沒辦法做出正常的判斷或行動。
我認為所謂的成長，
其實就是減少恐慌的次數。

141

保護心靈，不受惡意傷害

畢竟「不安」是本能，也沒辦法

詳情記不太清楚了，
但我曾讀過這樣的文章：
「人類的不安是與生俱來的本能，
有助於我們躲避危險，
所以沒辦法避免不安。」
這段文字，讓我的內心瞬間放鬆下來。
任誰都有極度不安的時候，
這時就能想著：
「畢竟是本能，也沒辦法。」
「不管多麼不安，也只能順其自然。」

142

保護心靈，不受惡意傷害

從「不安」中解脫

是否要學著
從膽戰心驚的人生中畢業呢？
只要活著，就得面臨許多不安，
但是無論內心是否安穩，
日子一樣在過。
是否要從不安中解脫，
是你現在就能決定的事情。
請跳脫不安，重回安穩吧。
晚安。

143

保護心靈，不受惡意傷害

放開自己的煩惱

想要睡得香甜，
就不能把今天的壞事帶進被窩。
而這是有訣竅的。
那就是暫時放掉自己的煩惱，
當作與自己無關。
任誰都會在某段時期感到困擾，
而困擾也會在某個時間點結束。
所以別擔心，放心睡吧。

144

保 護 心 靈 ， 不 受 惡 意 傷 害

一首美麗的詩

美國作家愛倫坡，

非常喜愛路易斯・德・萊昂所寫的一首詩，

我個人也很喜歡。

「我想與自己一同生活，

享受上天所賜的幸福，

在無人知曉之處，獨自品味。

從愛與嫉妒，

從憎恨、希望與不安中解脫。」

V

放下憤怒

別讓他人掌控
你的情緒

145

放下憤怒

放下憤怒

「某人做了無禮或惹人不快的事。」
若是因此就無法思考、憤怒不已，
等於讓對方掌控了你的情緒。
這時不如多想一點，
以憐憫的心情，放下憤怒。
「那樣的人，肯定不幸福吧？」
「之後大概也無法幸福了吧。」

146

放下憤怒

與憤怒和平相處

無法控制「憤怒」的人，
也無法掌控其他各種事物。
不擅長處理憤怒的人，
也不擅長處理人際關係，
常會遇上問題。

經驗告訴我，
學會與憤怒好好打交道，
也能讓自己活得更順遂。

世界上沒有不會生氣的人，
所以，成為能控制自己怒火的人，
非常重要。

147

放下憤怒

生氣就輸了

「真遲鈍。」
「有夠蠢。」
「頭腦很不靈光耶。」
我們一定都有過這樣想的時刻。
不過，這種時候，
一生氣就輸了。
「怎麼了？」
「哪裡不懂呢？」
「有不懂的地方就問吧。」
我想成為能這樣關心對方的人。
因為光是生氣，對方還是會再犯相同的錯。
而且，你我恐怕也有特別遲鈍的時候呢。

148

放下憤怒

心胸寬大是幸福

我常想：「要學著心胸寬大些。」
總覺得心胸寬大，就能感到幸福。
如果心胸狹小，
就會輕易產生負面情緒。
不必特別費力練習，
只要悠閒地想著：
「想辦法讓心胸寬大點吧。」
這樣就行了。

149

放下憤怒

說出自己的心情

我會實際出聲，說出自己的心情。
「我很幸福。」
「我很不安。」
「我很煩躁。」
如此一來，焦躁不安的模糊感受，
就會瞬間明朗，
也讓我知道該怎麼處理這些感受，非常推薦。
（不過啊！我在病房裡一個人這麼做時，
看起來就像個「癡呆老人」吧～）

150

放下憤怒

討人厭的話
出自討人厭的表情

我會在桌上擺放鏡子，
尤其是在電腦旁。
在沒有其他人、毫無防備的狀態下，
我發現自己每當想要汙衊別人時、
想要說別人壞話時，
都會露出非常可怕的表情。
這種時候就會立刻明白：
「哎呀，依現在的心理狀態，
不適合發表什麼言論。」
推薦大家也在桌上擺放一面鏡子。

151

放下憤怒

忘記之前發生的討厭事情

我家夫人曾如此說道：

「昨天發生了超討厭的事情！

我非常火大，結果就忘記了更之前發生的壞事！」

在我家夫人的眼裡，

不是「壞事1＋壞事1＝壞事2」，

而是「因為新的壞事而忘記舊的壞事」。

這樣的想法未免太樂觀！

我忍不住笑了。

152

放 下 憤 怒

「只是還沒充分發揮」

當別人說你「真沒用」的時候，

只要在心中想著：

「是還沒充分發揮！」

就行了。

153

放下憤怒

不要拖成「一輩子的問題」

人生中確實會發生討厭的事、悲哀的事，
但是，請將之視為階段性的問題，
不要耿耿於懷，
拖成「一輩子的問題」。
我們改變不了已經發生的過去。
但是這麼做，
至少可以守護未來。

154

放下憤怒

分割「現在」的心情與「人生」

就算今天輸了，
人生還是會繼續下去。
之後再扳回一城就行了。
就算今天很難熬，
人生還是會繼續下去，
幸福的日子遲早會來臨。
不需要單憑「現在」的心情，
斷定自己的全部人生。

請不要庸人自擾

讓人生變得無趣的典型思考如下。
連續發生壞事時，
就開始擔心：
「下次是不是會發生更糟的事情？」
一有好事發生，
便開始擔心：
「下次就會是壞事了吧？」
無論是好事、還是壞事，
整天都憂心忡忡。
「請不要庸人自擾」。
如此一來，就會輕鬆許多。

156

放下憤怒

要重新來過幾次都可以

我數度在日誌寫下
「重新來過的日子」。
只要踏入惡性循環時，
我就會這麼寫。
如此一來，就能夠轉換心情，
「今天開始重新來過，
我肯定會煥然一新。」
要重新來過幾次都無妨。
來吧，今天也要試著重新來過，
成為全新的自己。

選擇生存之道

「怎麼活，就怎麼死。」

雖然有這樣的說法，

但是也有人不是如此。

我們選擇不了如何死，

至少可以選擇怎麼活。

沒錯，生存之道是可以自己選擇的。

祝福各位今天也能慶幸地想：

「我選對了我的生存之道。」

158

放下憤怒

「幸福腦」

有位追蹤者告訴我

「幸福腦」這個名詞，

我打從心底覺得這個說法真棒。

無論性格如何、環境如何，

只要頭腦覺得幸福，

好像就能度過一切難關。

以幸福腦為目標！

159

放下憤怒

別把羞辱他人當成目的

世界上當然有許多
與自己意見或價值觀相左的人。
要評論、批判或反駁對方時，
最基本的原則是「不以羞辱對方為目的」。
有些人不是為了討論，
而是抱持著「要讓你顏面盡失」的心態。
想要存心羞辱他人時，
就得先檢視自己的精神狀態了。

160

放 下 憤 怒

致心情不佳的你

心情不佳，

是種冷暴力。

161

放下憤怒

來個解放日吧

有時候，真的是什麼也不想做，

什麼事也做不好。

這時就逃離日常吧！

裝病請個假，

刻意坐過站前往某個地方，

吃點不健康的美食，

或將孩子托給其他人，享受一下單身生活。

「今天是解放日！」

這樣的日子，對人生來說是必需的。

162

放下憤怒

老也有老的好

活得愈老，
思想就會愈僵化、頑固、易怒，
但這是有理由的。
因為自己的常識、規則，
逐漸跟不上日新月異的世界，
彷彿自己珍視至今的一切，遭到否定。
不過呢，老也有老的好處，
所以我向來認為：
「年輕人的事情，就全盤交給年輕人。」

163

放下憤怒

別因為「被說中了」就反彈

因為他人指責而發火，
通常是因為「被說中了」。
就算他人批判自己的言論中，
藏有不想被觸及的事實，
也不妨捨棄反彈的態度，
而改以「就是說啊」的心態，
讓自己邁進。

（要是對方不太正常，就另當別論了⋯⋯）

164

放下憤怒

找到其他希望

你最煩惱的是什麼？
如果是對未來的煩惱，
如果是暫時的煩惱，
如果是找得出辦法的煩惱，
那就努力吧。
如果是已經不知道該怎麼辦才好，
太過嚴苛的煩惱時，
就算借助他人之力也好，
想辦法跨越吧。
總之，請快點放下這些煩惱，
然後找到其他希望吧。

165

放下憤怒

互相原諒

在陷入昏迷之前，

我腦中浮現的話語是：

「請原諒我的一切，

我也會原諒一切的。」

VI

重視言語

不使用艱深的詞彙
也無妨

166

重視言語

不需要艱深的詞彙

我們都不是超能力者，
只能用話語傳達心聲。
所以，就算不是詩人，
也要磨練表達能力。
多增加一點詞彙，
多說出能表達心意的話語，
多寫下自己想說的言詞。
如此一來，一定能傳達出去。
即使不使用、甚至不知道
艱深的詞彙也無所謂。

167

重視言語

不說出口就無法傳達

如果不將想法化為言詞說出口，
他人要怎麼得知自己的想法呢？
不說出口，就不知道吧？
有事想說時，
就必須要傳達出來。
「就算我不說，你也應該要懂啊。」
說穿了，這不過是懶惰而已。

168

重視言語

稍微一句忠告

雖然很難說出口，
但有時只需要簡單的一句話，
就能夠減輕壓力喔。
遇到過度熱情的店員時，
告訴他：「需要時會請教你。」
遇到吃飯發出咀嚼聲的人，
告訴他：「吃這麼大聲，
會影響別人的食欲喔。」
重點是恰當的表達方式。
有時說出來，
雙方都會比較舒服。

169

重視言語

對話真的是一件很棒的事

「能夠對話」這件事，
令我非常感動。
就算只是說：「那個」、「什麼？」
這種微不足道的話，也很開心。
待在醫院裡，
經常會看到無法與人溝通的病患，
此時感觸就會特別深。
雖然時常會忘記，
不過，有能夠說話的對象，
有能夠回應自己的人，
真的是一件很棒的事。

170

重視言語

讓人愛上「活著」的話語

請對彼此說出
「讓人愛上活著這件事的話語」吧。
面對兒童時如此，
面對大人時亦然。
不說出「讓人厭惡活著的話語」，
不知能為他人帶來多少助益，
與此同時，
也能夠拯救自己。

171

重視言語

少許的善意，
肯定會讓某人感到幸福

他人的些微惡意，
會帶來嚴重得令人詫異的傷害。
同樣的，有些時候，
他人的少許善意，
會令人感動得不禁落淚。
所以說，少許善意的威力，
遠比我們想像中更強。
請各位盡情地傳遞善意吧！
因為在你我不知道的地方，
肯定會讓某人因此而感到幸福。

172

重視言語

每天的第一句話，會交織出未來的人生

一天的開始，

起床後第一句交談，

是不是面帶笑容、

心情平穩的「早安」呢？

這是非常幸福的事情。

如果不是這樣的話，

一定是自己或對方出了問題，

而且，是必須儘快解決的問題。

173

重視言語

急也是過，不急也是過

「慢慢來沒關係喔。」

「放慢速度進行吧。」

這些話，讓人感到療癒。

「快點！」

「加快速度！」

就算這樣不斷地催促自己，

人生的結果，其實與悠閒度日沒什麼差別。

這是我在82歲的秋天傍晚，

突然浮現的想法。

174

重視言語

表達內心溫柔的話語

「加油」這句話，
其實會造成相當大的心理壓力——
這個想法已深植人心。
但是，遇到在與身體或心理疾病纏鬥的人、
遭逢災害的人、
遭遇意外悲劇的人、
傾盡一切力量努力著的人，
有時仍會不帶惡意地，
忍不住說出一聲「加油」……
我們得學著找出「加油」以外，
足以表現出內心溫柔的話語。

175

重視言語

內心的吶喊

「人生好苦……」
面對這樣的內心吶喊，
只回答：
「大家都是如此，每個人都很苦。」
是不行的吧。

176

「表達方式」與「幽默」

每個人肯定都會遇到
必須「嚴詞否定對方」的時候。
這時要特別注意的，
是「表達方式」與「幽默」。
該怎麼誠懇又坦率地
說出嚴厲且否定的話語，
卻又不會傷害到對方呢？
能夠做得到，
才稱得上是大人。

177

重視言語

在激烈言詞背後所隱藏的脆弱

我開始玩推特，已經九年了啊。
表達強烈意志與內心時的話語，
都很溫柔。
表達脆弱意志與內心時的話語，
都很激烈。
看別人的推文，我也有此感想。
我們得學會看穿
激烈言詞背後所隱藏的脆弱。
無論在網路上，或是在現實中。

別持續追問「為什麼」

我決定在一次談話中，只問一次「為什麼」。
持續追問「為什麼」，不會帶來任何進展與結果，
只會讓溝通停滯不前。

「為什麼遲到呢？」
「我睡過頭了。」
「為什麼睡過頭了呢？」
「因為我打電動到深夜。」
「為什麼不適可而止呢？」
這種沒完沒了的「為什麼？」
沒什麼意義。

179

重視言語

琢磨提問的方式

希望得到對方的答案時，
就必須琢磨提問的方式，
提出對方能輕易回答的問題。
若毫不修飾地依照自己的想法詢問，
會讓對方很難回答。
因此，期望他人回答時，
請先重新審視自己的提問。
說起來，做不到這點的人相當多。

180

重視言語

說謊會使人生盤根錯節

說一次謊，人生會打一次結。
說兩次謊，人生就打兩次結。
持續說謊的話，
人生就會盤根錯節，無路可去。
謊言愈少的人，
人生就愈簡單美好，
生活也會愈輕鬆。

181

不知道也沒關係

其實不懂裝懂時，
別人大概都看得出來。
無法具體掌握話題時，
就會說出一些模糊的資訊。
既然如此，不如一開始就坦承：
「我不知道，請告訴我吧。」
「我不知道，一起研究看看吧。」
不懂裝懂，也是一種謊言，
甚至可能演變成思考時的壞習慣。

182

重視言語

失言才是真心話

國會議員的失言事件

接連不斷，

不過可別忘了：

「失言，才是真心話。」

183

重視言語

稱讚時的重點，放在「你」就好

稱讚某人的同時，
不要貶低另外一個人。
「你比○○好多了。」
「你比○○有才能。」
○○是多餘的。
被稱讚的人也會認為：
「遲早有一天，
我或許也會被當成比較對象，
拿來襯托別人的好。」
稱讚對方時，請簡潔有力，
把重點放在「你」就好。

184

重視言語

言語的束縛

言語是有束縛能力的。
尤其是在孩提時代，
束縛自己的話語，
可能得花數年、數十年甚至是一輩子，
才能夠逃脫。
我們必須避免對他人說出負面話語，
而當他人說出負面話語時，
不要看得太嚴重。
這是讓人生輕盈的重要訣竅。

185

重視言語

今天的最後一句話

我82歲，長期住院中。

今天的最後一句話是「謝謝」，

所以我能夠安心睡了。

畢竟我不希望，

人生最後一句話是詛咒般的話語。

不知何時會死，不知何時會離別，

這與年老或年輕無關。

請重視今天的最後一句話。

186

重視言語

喜歡的聲音 討厭的聲音

我認為「聲音」非常重要。
我討厭聲音尖銳，
聽起來嘰嘰喳喳的聲音，
對能夠沉穩地維持一定語調的人
抱持好感。
覺得自己不擅長對話的人，
不妨試著留意自己的「聲音與語調」。
試著調整時，他人肯定有不同的反應。
聲音就是如此重要。

187

重視言語

掌控對話

「我不擅長與他人對話。」

我不時會收到這樣的留言，

我認為這樣的人，

絕對不是討厭與人相處，

而是不太懂得如何掌控對話。

請試著發揮想像力，

拋出他人容易有所回應的內容，

談起話來就會流暢許多。

訣竅就是在交談時意識到對方的存在，

不時問問對方：「你怎麼想？」

188

不斷提醒自己

我可以活得更自由。
我可以活得更快樂。
無論對自己說了多少遍，
一不小心，還是會忘記。
如今，我整天躺在病床上，
但依然期許自己：別忘了。

189

重視言語

希望能說出「讓我們一起調整吧」

無論是面對孩子、
訓練部屬、
或是與朋友間的關係，
都希望不要說：「失敗了。」
而是說：「只是弄錯方向了，
讓我們一起調整吧！」

190

重視言語

放棄不溫柔的人

說出「謝謝」時，
對方會說「不客氣」。
說出「對不起」時，
對方會說「沒關係」。
大概有九〇%的情況都是如此吧。
剩下的一〇%，該怎麼辦呢？
我覺得那就只能放棄了。
世界上有形形色色的人、五花八門的狀況，
儘管溫柔會帶來更多的溫柔，
但也要做好「這並非絕對」的心理準備。

VII

活著就是產生聯繫

「足以依靠的人」
與「歸屬之處」

191

活著就是產生聯繫

「擁有歸屬之處」這件事

如果無論遇到什麼困難，
都有個人、或是有個地方，
能告訴你：「沒關係，就來這裡吧！」
對人生來說是非常重要的。
若能擁有這樣的對象或地方，
就能勇於挑戰各式各樣的事物，
既是避風港，也能提供實際幫助。
「擁有歸屬之處」這件事，
是人生的救贖。

192

活 著 就 是 產 生 聯 繫

事先準備好
足以信賴的對象與地點

你有「能信賴的對象」嗎？
你有「能信賴的地點」嗎？
有可以信賴的親朋好友與地點，當然很棒，
不過這裡要談的，
並非情感上的連結，
而是不論現在或是以後，
事先蒐集公共機構或醫院等，
自己能信賴的對象與地點的資訊，
是非常重要的。

「能夠放輕鬆」的關係

「能夠放輕鬆」的關係，

其實是非常重要的。

親子也好，同事也好，

無論什麼樣的關係都可以。

人生難免會有必須繃緊神經，

專注應對的時間。

相對地，能夠放鬆的時間，

洋溢著溫柔的氣息。

如果能夠放鬆心情，度過一整天就好了。

194

有愛嗎？

沒有愛的生活，令人疲憊。

毫不在意自己，也毫不在意他人。

於是，世界也會跟著褪色。

愛與被愛，能豐潤內心，

讓大部分的事情順利進行。

我時不時會想，

「愛」，是心靈的萬靈藥。

一切都源自於「環境」

到頭來，擅長打造「環境」的人得以成功。
以公司來說，要打造出讓人樂於工作的「環境」。
以餐飲業來說，要打造出讓人自在的「環境」。
以創作來說，就在於能否打造出
能讓人沉迷其中的「環境」。
當然，家庭也是，推特也是。
想要聚集優秀的人，
首先，就要打造出優秀的「環境」。

196

活著就是產生聯繫

別害怕離別

今年，我聽到許多人際關係的負面詞彙。

閉門不出、孤獨死、溝通障礙、自我忽視等。

以82歲的人生結論來說，

人類就是反覆地聚了又散、聚了又散。

請不要因為害怕離別，

而不願聚首，

而要想著就算終將離別，

也要和重要的人相遇。

聚一聚吧！

197

坦率求助吧

最近是否曾幫助過別人呢？
能夠幫助別人，
代表自己保有「餘力與自信」。
相反的，真的需要他人協助時，
請不要猶豫，放聲喊出：「請幫幫我！」
肯定會有人出手相助。
即使其中有人混淆了「依賴」與「求助」，
而對你出言不遜，
也請不要在意！

198

活著就是產生聯繫

安全網

無法靠一己之力振作時，
就只能從他人身上獲取能量了。
為了幫助自己生存下去，
必須在平常構築好最基本的人際關係。
人生絕對會遇到數次
「無法靠一己之力完成的事情」。
所以必須先為自己張開「安全網」。
同時，也請成為能承接某個人的「安全網」。

199

活著就是產生聯繫

交給鬧區吧

我認為，

「人生感到煎熬時，就要住在鬧區。」

附近就有餐飲街、商店街，

購物與娛樂的場所，也離家很近。

如果還有大眾澡堂，就更棒了。

如此一來，就增加了許多外出的機會，

很難閉門不出。

就像將生活交給鬧區一般。

200

不要太過專注於自己

我很喜歡某位追蹤者告訴我的話：

「忘卻病痛的期間，就沒有病痛。」

無論是心病還是生理疾病，

過度專注於自己，

就會讓快樂與美好的事物，

毫無介入的餘地。

人生有許多難熬的事情，

但是人生的品質，

會隨著我們選擇專注的方向而改變。

201

活著就是產生聯繫

世界上沒有「只有一個人幸福」

如果希望自己幸福，
就要先確實追求另一半的幸福。
如果希望另一半幸福，
就要先確實追求自己的幸福。
因為這個世界上，
絕對沒有「只有一個人幸福」。

202

活著就是產生聯繫

每個人都有
各自的幸福與問題

搭新幹線旅行時，

透過車窗看見窗外的住宅區，

是一戶戶陌生人的家。

這時，我的內心總會升起一股惆悵：

「雖然是此生可能不會相見的陌生人，

但每一間房子裡的人，

都有各自的課題與人生要面對。」

人們懷抱著各自的幸福與問題，

點亮了一盞又一盞的燈火。

這景象總令我心頭一緊。

203

活著就是產生聯繫

互相尊敬

我喜歡看人們秉持敬意，
彼此往來的模樣。
無論是伴侶、朋友、親子還是同胞，
我希望對他人秉持敬意，
也希望自己值得尊敬。
所以，看見對他人表現出敬意的人，
就會覺得內心充滿溫暖，
不禁想抬頭挺胸。
希望今天也是這樣的日子。

204

活著就是產生聯繫

扮演普通人的樣子，令人愛憐

看似若無其事的人，
有時會不經意地露出心傷。
仔細想想，
大家都破破爛爛的，
像在演殭屍電影一樣。
即使全身血淋淋、頭上插著斧頭，
還是努力扮演著普通人。
即使在擁擠的電車上疲憊不堪，
還是讓座給老年人。
這樣的人，令人愛憐。

205

活著就是產生聯繫

世界上沒有「毫無痛苦的人」

我正從病房窗戶，眺望著街上行人，
心想或許這些人當中，
有人罹患重病，
有人苦於雙親照護或孩子的問題，
有人欠債或是有人際方面的問題。
我時不時會想到，
世界上沒有「毫無痛苦的人」哪。
儘管如此，大家還是努力尋找樂趣，
用盡全力過活。
這激勵了我的求生意志。

206

一臉平靜

今天，我也會一臉平靜地生活。

任誰都有著嚴苛的課題要面對，

要是一臉苦悶，

無論幸運或旁人，

都會逃得無影無蹤。

所以啊，請照照鏡子，

確定自己帶著平靜的表情，

再向他人道聲早安吧。

207

大人也一樣

大人也會哭、

也會受傷、也會脆弱、

也會渴望他人的溫柔、也會得意忘形、

也會渴望擁抱、

也會喜歡胸部，

和3歲小兒沒什麼不同。

我覺得這樣也無妨。

208

活 著 就 是 產 生 聯 繫

能夠理解多樣性

推特上常寫滿了搞錯的事、
誤會的事或是個人的信念，
我覺得這些都無妨。
因為有人指出問題，才會意識到「原來我搞錯了」。
不過，有時的狀況是：
「即使這樣，我還是覺得自己是對的。」
「但是，原來也有這樣的意見啊。」
如此一來，就能感受到社會的多樣性。

保有「可愛的氣質」

散發可愛氣質的人，

非常有魅力。

「可愛」的時光，只佔人生的一小部分，

「可愛的氣質」卻可以跟著一輩子。

無論男女，都要具備可愛的氣質！

210

隨時做好「一定程度的準備」

人生在世，絕對無法做好「萬全的準備」，
但是必須隨時做好「一定程度的準備」。
有所準備，
就不容易錯失機會。
舉例來說，平常不多自我磨練，
遇到心儀對象的邀約時，
就沒辦法流暢地對話，
讓對方誤以為自己是個無趣的人。
「有所準備」是很重要的。

211

辦得到的事，就要在能辦到時進行

「隨時都可以」這句話，其實意外的危險。

「隨時都可以做。」

「隨時都辦得到。」

「隨時都可以去。」

抱持著「隨時都可以」的心情，

實際上根本不會進行。

「辦得到的事，就要在能辦到時進行。」

不下定決心的話，

就永遠不會實現喔。

212

享受人生的有限

「人生等同於時間」，對吧。
現在的每一瞬間，不斷化為過去，
時間消逝，一步步接近死亡。
這種想法，其實反而會讓人更有精神。
「既然時間有限，就得努力做些什麼！」
「我得努力過得愉快！」
希望今天，也能夠成為這樣的日子。

213

活著就是產生聯繫

轉換心情
有助於提升人生品質

所謂優質的人生，
取決於在每天持續的日常中，
能否順利「轉換心情」。
「保持內心安定的同時，
感受到情感上的變化。」
如果缺乏這樣的轉換機制，
就會對一成不變的日常感到厭煩。
擁有能夠轉換心情的某樣事物，
對人生而言是多大的救贖呢？
請認真思考看看吧。

214

活著就是產生聯繫

有憧憬的對象，
就能具體提升生活品質

有憧憬的對象時，
人生會更加豐富。
單純沉浸於對方的魅力中也很好；
希望有緣見到對方時，
可以不為自己而感到丟臉，
也會成為努力的動機。
無論是近在身邊的人，或是遙不可及的人，
只要有憧憬的對象，
就能具體提升生活品質。

215

應捨棄的「孤獨」

「孤獨」是人生無法避免的事物之一。
不過，孤獨分成兩種，
分別是「無謂的孤獨」與「愉快的孤獨」。
帶有目的性的愉快孤獨，有助於成長。
而身處無謂的孤獨中，
無法思索有意義的事，自然也無法成長。
如果覺得自己正處於無謂的孤獨中，
請先做出行動，
捨棄這樣的孤獨吧。
現在，馬上！

216

活著就是產生聯繫

所看到的世界就是自己的內在

「這世界真無趣。」
會這麼想的人，本身也是個無趣的人。
「世界上充滿了笨蛋。」
會這麼想的人，本身才是笨蛋。
「這世界真醜陋。」
會這麼想的人，本身也很醜陋。
請留意：你所看到的世界，
其實就是自己的內在。

對方是否重視你？

該怎麼判斷

對方有多重視你呢？

關鍵不在於對方是否願意帶你去昂貴的餐廳、

歡樂的聚會或是什麼地方，

而是對方是否願意帶你去見他所重視的「人」。

換句話說，

重點不在於帶不帶你去厲害的地方，

而是願不願意將你介紹給「重要的人」。

218

博取關注有什麼錯？

推特上經常會看到有人揶揄：

「這個人只是想博取關注。」

這不是理所當然的嗎？

大家都是想博取關注才發言的！

有人關注的話，不是會單純的感到開心嗎！

沒人關注的話，不是會覺得寂寞嗎！

我也是「真・博取關注仔」。

奮鬥

你是否正為了自己而奮鬥呢？
是否有人正為了你而奮鬥呢？
如果兩者都有，那麼「你就是最強的」。
希望今天也會是這樣的日子。

220

活 著 就 是 產 生 聯 繫

在不沉淪的範圍內
更自由地活

我很喜歡「飄盪，卻不沉淪」這句話。
「人生就是不停飄盪，
不過不能沉淪。」
就輕輕鬆鬆地
用這樣的價值觀過活吧。
人們總會一直忘記：
自己可以活得更自由。

必須學習的事情

「必須學習沉穩。」
「必須學著變強。」
「必須學會不被任何事情擊敗。」
這些事情，
光憑天生資質都是辦不到的，
必須透過後天的學習。
年紀愈長，就愈需要學習。
今天，也是學習的一天。

epilogue

最愛的人

不動搖

我最喜歡我家夫人的地方，

在於她的情緒與精神安定的程度

都不同凡響。

當然也會有喜怒哀樂，

但是不容易動搖。

這或許是與生俱來的性格吧？

她的口頭禪是：「算了。」

真的很可靠，對吧♥

223

最愛的人

專屬於你的時間

我家夫人來醫院照顧我時，

完全不碰手機。

就算已經開始癡呆的我犯錯，

她也完全不會生氣。

我們之間只聊有趣的事情。

對此她表示：

「因為這是專屬於你的時間。」

「為了你特別獻上我的時間」這種做法，

很令人心動吧。

我又再度迷上她了♥

224

約會

我家夫人預計

要來醫院看顧我的日子，

會在日誌上寫著：「約會。」♥

225

最愛的人

樂觀

來探病的我家夫人表示：

「昨天不知道為什麼睡不著……」

正想著她難得發牢騷時，

她又表示：

「我一想到今晚要把

昨晚沒睡到的份全部睡回來，

就期待得不得了！」

這份樂觀真值得學習♥

226

最愛的人

不謙遜

我家夫人令人欣賞的一點，

是送伴手禮給別人時，

絕不會說「只是小東西」等客套話。

「這個餅乾超級好吃，但是必須有人介紹才行，

所以我拜託朋友的朋友介紹才終於買到的！」

「真的好吃得要死，快吃吃看！」

大概是這種感覺♥

227

最 愛 的 人

電話

我很喜歡和我家夫人講電話。

她接到別人打來的電話時，

會一派正經地說：「您好，我是小池。」

接到我的電話時，

就會用開朗的聲音玩鬧，

像是「哈啊啊啊囉」、

或是「嗨～～咿」。

結果有次大人物打電話來，

她接起電話後不小心說了「喂咿～～～！」♥

228

最 愛 的 人

悠閒

因為陪在我身邊的人，

個性非常悠哉，總是說著：

「哎呀～你在做什麼呢～

真是的，拿你沒辦法耶～」

所以即使纏綿病榻，

我也覺得很有希望♥

229

最 愛 的 人

反正我愛的
就是你這個人

我確診了「阿茲海默症」。

我家夫人很悠哉地告訴我：

「反正我愛的就是你這個人，

這點小事別在意～」

所以我能夠安心入睡。

晚安♥

代替後記

230 活著，真好

好像不太適合在假日的悠閒早晨這麼說，
不過前陣子我差點死掉！
很不可思議的，我當時心境很平穩，
想著：「啊，我要消失了。」
活過來了的現在，我已經不怕死，也不怕活了。
而且，也恢復日常節奏。
雖然發生了許多事情，
但是現在的我能夠坦率認為：
「活著，真好。」

231

死亡這種小事

不久就要步入死亡的我，
想要將針對此事的諸多思考，
獻給還有許多時間的各位。
與其尋死，不如別去學校。
與其尋死，不如別去上班。
與其尋死，不如別追求成功。
與其尋死，不如什麼都別忍耐。
就照自己的想法去活吧，
只要別死都好。

232

盡是麻煩事

活著盡是麻煩事。
但是，這不代表活著很麻煩。
搞混的話，人生就會失去意義。
活著既開心，又麻煩。
希望今天，也是適應「麻煩」之餘
開開心心的一天。

233

「現在」還有轉圜餘地

我們不存在於過去，也不存在於未來。
我們只存在於「現在」。
過去已經結束，未來還沒發生，
能做點什麼的，就是「現在」。
「現在」這一瞬間，就是人生。
來吧，今天也繼續活出自己的人生吧。

小池一夫

這不是你的錯

作　　者 | 小池一夫 Kazuo Koike
譯　　者 | 黃筱涵
發 行 人 | 林隆奮 Frank Lin
社　　長 | 蘇國林 Green Su

出版團隊
總 編 輯 | 葉怡慧 Carol Yeh
日文主編 | 許世璇 Kylie Hsu
企劃編輯 | 許芳菁 Carolyn Hsu
責任行銷 | 鄧雅云Elsa Deng
封面裝幀 | 木木Lin
版面構成 | 黃靖芳 Jing Huang

行銷統籌
業務處長 | 吳宗庭 Tim Wu
業務主任 | 蘇倍生 Benson Su
業務專員 | 鍾依娟 Irina Chung
業務祕書 | 陳曉琪 Angel Chen、莊皓雯 Gia Chuang
行銷主任 | 朱韻淑 Vina Ju

發行公司 | 悅知文化　精誠資訊股份有限公司
105台北市松山區復興北路99號12樓
訂購專線 | (02) 2719-8811
訂購傳真 | (02) 2719-7980
專屬網址 | http://www.delightpress.com.tw
悅知客服 | cs@delightpress.com.tw
ISBN：978-986-510-138-1
建議售價 | 新台幣320元　　首版一刷 | 2021年03月　　首版六刷 | 2023年07月

國家圖書館出版品預行編目資料

這不是你的錯 / 小池一夫作 ; 黃筱涵譯. -- 初版. -- 臺北市 : 精誠資訊, 2021.03
面；　公分
譯自：自分のせいだと思わない。：小池一夫の人間関係に執着しない233の言葉。
ISBN 978-986-510-138-1(平裝)
1.人生哲學 2.修身
192.1　　110002290

建議分類 | 心理勵志